Benjamin Türksoy

Reichswehr und Röhm-Putsch

Benjamin Türksoy

Reichswehr und Röhm-Putsch

GRIN Verlag

Bibliografische Information der Deutschen Nationalbibliothek: Die Deutsche Bibliothek verzeichnet diese Publikation in der Deutschen Nationalbibliografie; detaillierte bibliografische Daten sind im Internet über http://dnb.d-nb.de/ abrufbar.

1. Auflage 2002
Copyright © 2002 GRIN Verlag GmbH
http://www.grin.com
Druck und Bindung: Books on Demand GmbH, Norderstedt Germany
ISBN 978-3-656-14086-3

Einleitung

1.1 Die Thematik und die Literatur

Der „Röhm-Putsch", der Tod von Hindenburgs und die Vereidigung der Reichswehr[1] bilden das letzte Kapitel der nationalsozialistischen „Machtergreifung". Es ist schwer nachvollziehbar, wie es Hitler und seine NSDAP erreichen konnten, innerhalb von nur eineinhalb Jahren, sämtliche Institutionen in Deutschland gleichzuschalten. Eine Auseinandersetzung mit den Geschehnissen in der Mitte des Jahres 1934 ist daher besonders wichtig, da in dieser Zeit Voraussetzungen geschaffen wurden, die folgenreich für die kommenden Jahre im nationalsozialistischen Deutschland werden sollten. Nicht zuletzt begann Hitler in dem besagten Zeitabschnitt, sich durch taktisches Geschick und rücksichtsloses Eingreifen „seine" Armee aufzubauen, die zu Beginn des Krieges in den Feldzügen zunächst sehr erfolgreich agierte.

Die Geschichtsforschung hat die Rolle der Reichswehr im Zeitraum der „Röhm-Affäre" bisweilen nur vereinzelt untersucht. Neben dem Werk Heinrich Benneckes aus dem Jahre 1964 gibt es zu diesem Thema wenig Fachliteratur, ehe der renommierte Militärhistoriker Klaus-Jürgen Müller über dieses Thema und die Wehrmacht im Dritten Reich schrieb. Die beiden Hitler-Biografien von Joachim Fest und Ian Kershaw sowie zwei Dissertationen von Immo von Fallois und Michael Schramm zu dem Thema Reichswehr und „Röhm-Affäre" enthielten ebenfalls zahlreiche nützliche Informationen.

1.2 Zielsetzung der Arbeit

Ziel dieser Arbeit ist es, das Verhalten der Reichswehrführung während und nach der „Röhm-Affäre" zu analysieren. Wie kam es dazu, dass die neuen Befehlshaber, von Blomberg und von Reichenau, schon früh nach der Machtübernahme der Nationalsozialisten die lange Zeit verfolgte „unpolitische Linie" verließen und sich nach und nach mit dem Hitler-Regime arrangierten und dann mit diesem kollaborierten? In der Weimarer Republik und noch zu Beginn des NS-Regimes wurde von der Reichswehrführung stets beteuert, dass die Armee unpolitisch sei und nur dem Reichspräsidenten und der Verfassung unterstehe.[2] Da scheint es erwähnenswert, sich noch einmal die Worte des Chefs der

---

[1]   Reichswehr, Armee und Truppe werden in dieser Arbeit synonym verwendet.
[2]   Schramm, Michael: Der Gleichschaltungsprozeß der deutschen Armee 1933 bis 1938. Kulminationspunkte und Linien, München 1990, S. 44 f.

Reichswehr, General von Seeckt, im Jahre 1923 zu vergegenwärtigen: Auf die Frage Eberts, wo die Reichswehr stehe, erwiderte dieser: „Die Reichswehr, Herr Präsident, steht hinter mir".[3] Dies unterstreicht noch einmal, dass sich die Armee lange Zeit weitgehend unabhängig fühlte.

In einem anderen Teil dieser Arbeit soll geklärt werden, inwieweit die Reichswehr an Mordaktionen am 30. Juni 1934 beteiligt gewesen ist und sich dort womöglich verbrecherischer Aktivitäten schuldig gemacht hat.

Abschließend werden die Motive seitens der Reichswehrführung für die Vereidigung der Armee auf die Person Hitlers erörtert.

1.3 Vorgehensweise/Struktur

Die Hausarbeit hat den Anspruch, die Phasen der neuen Strategie der Reichswehrführung darzustellen und daraus abzuleiten, inwieweit eine Annäherung an Hitler stattfindet und die Reichswehr dadurch ihre Unabhängigkeit verliert. Der Vorgang dieser „Selbst-Gleichschaltung" der Reichswehr ist ein Prozess, der mit der Machteroberung der Nationalsozialisten beginnt und sich nach und nach verschärft.

Zunächst soll das Verhältnis zwischen der Reichswehr und Hitler erläutert werden. Ein weitereres Kapitel behandelt die spannungsgeladenen Beziehungen zwischen der SA und der Reichswehr und soll dabei die Person Hitlers berücksichtigen. Stets wird beabsichtigt, das Hauptaugenmerk auf die Reichswehrführung zu legen und aufzuzeigen, wie diese von der „unpolitischen Linie" abweicht und immer mehr mit dem NS-Regime kooperiert. Dies wird unter anderem an den Mordaktionen gegen Röhm und dessen SA-Führung sowie der Vereidigung der Reichswehr auf Hitler exemplarisch dargestellt.

2. Hauptteil

2.1 Die Reichswehr und Hitlers neues Regime

Zunächst muss bei der Beschreibung des Verhältnisses zwischen Hitler und der Reichswehr berücksichtigt werden, dass die Armee nach der Machteroberung der Nationalsozialisten nicht gleichgeschaltet wurde, wie es anderen staatlichen Institutionen ergangen war. Die Reichswehr war noch ein Machtfaktor im Staate Hitlers, der weitgehend selbstständig war.[4]

---

[3]   Zit. nach: Fest, Joachim C.: Hitler. Eine Biographie, 5. Aufl., München 2002, S. 267.
[4]   Ebd., S. 641.

2

Hitler und die Reichswehr verband der Gedanke an die einstige militärpolitische Welt des wilhelminischen Kaiserreiches.[5] Hitlers „Zwei-Säulen-Theorie" – auf der einen Seite seine NSDAP und auf der anderen Seite die Armee – ist als ein deutlicher Hinweis auf den „Dualismus von Politik und Militär im preußisch-deutschen Staat"[6] aufzufassen. Die Armee sehnte sich ihrerseits nach der früheren prestigeträchtigen Stellung im Kaiserreich zurück.

Die jüngeren Offiziere begrüßten den Machtwechsel am 30. Januar: Sie erhofften sich von Hitler und der NSDAP neue Aufgaben und eine Aufwertung der Reichswehr im Staate.[7] Die Bestimmungen des Versailler Vertrages beinhalteten unter anderem, dass die Reichswehr nicht mehr als 100 000 Mann zählen durfte und schränkte die Armee somit erheblich ein. Hitler versprach, die Auflagen des Versailler Vertragswerkes schnellstmöglich zu beseitigen und eine moderne Rüstung zu schaffen.[8]

Der Historiker Hans-Ulrich Thamer beschreibt die Einigkeit zwischen Reichswehr und Hitler:

> „Hitler mit seiner Massenbewegung versprach das, was die alten Machteliten insgesamt und das Offizierskorps insbesondere nicht mehr aus eigener Kraft erreichen konnten. Das war die Sicherung ihrer politisch-sozialen Führungsstellung und die Durchsetzung einer modernen Rüstung."[9]

Die älteren Offiziere standen laut Helmut Krausnick der neuen Regierung wegen „der Herkunft und des Gebarens mancher ihrer Funktionäre reservierter gegenüber".[10] Beide Seiten – Hitler und die Reichswehr – einte primär die Ablehnung der Weimarer Republik.

Thamer erläutert Hitlers wehrpolitische Vorstellungen:

> „Auf die Unterstützung der Reichswehr konnte er innen- und außenpolitisch nicht verzichten. Er brauchte sie zum erfolgreichen Abschluß der Machtergreifung, und außerdem war ihm der militärische Sachverstand unentbehrlich. Denn nur mit der Reichswehr konnte der 1933 eingeleitete Prozeß der Wiederaufrüstung so zeit- und fachgerecht durchgeführt werden, daß für die gemäß der außenpolitischen Konzeption geplante Aggression eine schlagkräftige Armee zur Verfügung stand."[11]

---

[5]   Vgl. Fallois, Immo von: Kalkül und Illusion. Der Machtkampf zwischen Reichswehr und SA während der Röhm-Krise 1934, Berlin 1994, S. 26 f.
[6]   Ebd.
[7]   Krausnick, Helmut: Die Wehrmacht im nationalsozialistischen Deutschland. In: Broszat, Martin/Möller, Horst (Hrsg.): Das Dritte Reich. Herrschaftsstruktur und Geschichte, München 1983, S. 176-208, hier: S. 187.
[8]   Vgl. Bennecke, Heinrich: Die Reichswehr und der „RÖHM-PUTSCH", München/Wien 1964, S. 31.
[9]   Thamer, Hans-Ulrich: Verführung und Gewalt. Deutschland 1933 – 1945, Berlin 1986, S. 322.
[10]   Krausnick, Helmut: Die Wehrmacht, S. 187.
[11]   Thamer: Verführung und Gewalt, S. 322.

Die Reichswehr konnte dementsprechend darauf hoffen, dass sie in naher Zukunft wieder eine tragendere Rolle als in der Weimarer Republik spielen sollte. Hitler brauchte die Reichswehr wiederum für seine Zwecke: Zum einen um die „Machtergreifung" zu vollenden und zum anderen für den Wiederaufrüstungsprozess, den er für seine außenpolitischen Ziele, unter anderem die Eroberung von Lebensraum im Osten, dringend vorantreiben wollte.

Joachim Fest schreibt in seiner Hitler-Biografie dazu :

> „Ihr [die Reichswehr] fachmännischer Sachverstand erschien ihm [Hitler] überdies unerläßlich für die schon im Frühsommer 1933 eingeleitete Wiederaufrüstung, von der wiederum der zeitgerechte Beginn seiner Expansionspläne abhing."[12]

Die Positionen der beiden Seiten stimmten weitgehend überein, so dass es zwischen der Reichswehr und Hitler militärpolitisch wenig Konfliktpotential gab.

2.2 Der Konflikt zwischen der SA und der Reichswehr sowie die Position Hitlers innerhalb dieses Spannungsfeldes

Der Konflikt zwischen der SA und der Reichswehr war unausweichlich. Die Vorstellungen Röhms, die Aufgaben der Landesverteidigung in seine Kompetenzen einzugliedern, mussten bei der Reichswehr zwangsläufig auf Ablehnung stoßen. „Er [Röhm] wollte den ‚grauen Fels' der Reichswehr ‚in der braunen Flut' der SA untergehen lassen, sie [die Reichswehr] also auf eine dienende Funktion unter seiner Führung als Kriegsminister beschränken"[13], erläutert Bernd Jürgen Wendt die Vorstellungen Ernst Röhms. Die Landesverteidigung war immer Aufgabe der Reichswehr gewesen, die sich als einziger Waffenträger des Staates verstand und daher die Äußerungen Röhms mit Sorge aufnahm und dagegen bei Hitler intervenierte.

Hitler ließ geschickt zwei Mächte gegeneinander ausspielen und profitierte als lachender Dritter von dem Dualismus der beiden Institutionen, die ihm noch hätten gefährlich werden können, da diese über eine große Machtbasis verfügten. Dass er die Reichswehr für seine späteren aggressiven Kriegsziele brauchte, hat er immer wieder erkennen lassen. Entscheidend war seine Rede am 28. Februar über die „Richtlinien für die Zusammenarbeit zwischen Reichswehr und SA", in der er unmissverständlich erklärte, dass er die SA nur für politische Zwecke einsetzen wolle und der Reichswehr das militärische Machtmonopol zusicherte.[14] Die SA

---

12   Fest: Hitler, S. 647.
13   Wendt, Bernd Jürgen: Das nationalsozialistische Deutschland, Berlin 1999, S. 45.
14   Vgl. Kershaw, Ian: Hitler 1889-1936, Stuttgart 1998, S. 635.

sollte Hitlers Vorstellungen entsprechend für die politische Erziehung und die vormilitärische Ausbildung zuständig sein. Dennoch blieb die SA auch an Aufgaben der Landesverteidigung beteiligt, wie es in dem Abkommen vom 28. Februar festgehalten war. Dass Hitler die Frage Reichswehr oder SA so lange nicht eindeutig beantwortete, resultierte aus seiner Absicht, die Reichswehrführung weiter im Unklaren stehen zu lassen. Diese musste sich dadurch veranlasst sehen, sich noch stärker an Hitler zu binden, um vor der Bedrohung durch die SA sicher zu sein. „Hitler konnte demnach nicht an einer schnellen Ausschaltung der SA gelegen sein", schreibt Michael Schramm über Hitlers Taktik, die sein zögerndes Verhalten erklären könnte.[15] Für Hitler war die SA als Gegengewicht zu der Reichswehr sehr wichtig, so dass er die beiden Kontrahenten lange gegeneinander ausspielen konnte.

Thamer schreibt zum Verhältnis der Reichswehr und der SA:

> „Getroffen von dem scheinbar ziellosen revolutionären Aktivismus der SA fühlte sich auch die Armee, die als einziger Machtträger von der nationalsozialistischen Gleichschaltung verschont geblieben war und eben deshalb zur Zielscheibe der Unzufriedenheit und der Machtansprüche der SA werden musste. Denn Röhm strebte tatsächlich nichts anderes an, als die zahlenmäßig kleine Reichswehr von seinem braunen Massenheer aufsaugen zu lassen und eine nationalsozialistische Miliz unter einem Kriegsminister Röhm zu schaffen".[16]

Das Konzept der Reichswehr, der SA Aufgaben der Landesverteidigung zu übertragen, die aber unter Befehl und Kontrolle der Reichswehr standen, akzeptierte Röhm jedoch nur scheinbar, so dass ein Konflikt zwischen ihm der Reichswehr und Hitler unausweichlich schien.

Die Armee musste sich schon aufgrund des ungleichen Machtverhältnisses gegenüber der SA bedroht fühlen. Die Parteiarmee war der Reichswehr numerisch um ein Vielfaches überlegen. Hitler betonte indessen zunehmend seine Theorie, der Staat werde „von zwei Säulen getragen, politisch von der in der nationalsozialistischen Bewegung organisierten Volksgemeinschaft, militärisch von der Wehrmacht."[17]

Die Fronten schienen geklärt, denn Hitler hatte sich für die Reichswehr als alleinigen Waffenträger der Nation entschieden. Dies wollte Röhm nicht akzeptieren; Putschpläne hatte er jedoch nicht im Sinne, da ist sich die Geschichtsforschung weitest gehend einig.

---

[15] Schramm: Gleichschaltungsprozeß, S. 92.
[16] Thamer: Verführung und Gewalt, S. 321 f.
[17] Zit. nach: Wendt: Nationalsozialistische Deutschland, S. 45.

2.3 Die schleichende „Selbst-Gleichschaltung" der Reichswehr und ihre Rolle während der „Röhm-Affäre"

„Hinein in den neuen Staat, nur so können wir die uns gebührende Position bewahren"[18], war die aussagekräftige Devise des Chefs des Ministeramtes, Generalmajor Walther von Reichenau.

Zunächst verhielt sich die Reichswehrführung weiterhin „unpolitisch", wie sie es sich in den Jahren der Weimarer Republik auf die Fahnen geschrieben hatte; doch rasch verließen Reichswehrminister von Blomberg und von Reichenau, – schon beeindruckt und begeistert von Hitler[19] - diese Linie und kamen ihm immer weiter entgegen.

In Anbetracht der Bedrohung durch die erneuten Angriffe Röhms, verbündete sich von Reichenau mit Röhms anderen Feinden Himmler und Heydrich, die im Hintergrund die Fäden der Mordaktionen im Juni 1934 zogen.[20] Ab Ende Februar sammelte die Reichswehr selbst Material über die SA und deren Vorhaben zusammen und leitete diese direkt an Hitler weiter.[21]

Von Blomberg forcierte dazu von sich aus zunehmend die Gleichschaltung der Armee an das nationalsozialistische Regime. Er verfügte im Februar 1934 die Übernahme des „Arierparagraphen" für das Offizierskorps und erhob das Hoheitszeichen der NSDAP, das Hakenkreuz, zum offiziellen Reichswehremblem. Diese Anordnungen sollten der Integration der Reichswehr in den NS-Staat einen äußeren symbolischen Eindruck verleihen. Hitler hatte diese Maßnahmen nicht verlangt, Blomberg ordnete die Weisungen an, weil er dadurch Hitlers Unterstützung gewinnen wollte. Generaloberst von Fritsch, Oberbefehlshaber des Heeres, unterstützte die Maßnahmen mit der Aussage, dass die Reichswehr „dem Kanzler damit die nötige Stoßkraft gegenüber der SA"[22] geben wolle. Dies waren die ersten Schritte der Reichswehrführung auf dem Weg in den NS-Staat.

Dass die Reichswehr an den Mordaktionen gegen Röhm und dessen SA-Führung auch beteiligt war, haben inzwischen zahlreiche Forschungen bewiesen. Es ist nun die Frage, inwieweit die Reichswehrführung auch aktiv in die „Röhm-Affäre" verwickelt war.

---

[18] Zit. nach: Thamer: Verführung und Gewalt, S. 323.
[19] Fest: Hitler, S. 647.
[20] Vgl. Kershaw: Hitler, S. 637.
[21] Ebd.
[22] Zit. nach: Thamer: Verführung und Gewalt, S. 323.

Belegt ist, dass General von Reichenau in Kontakt mit Heydrichs Sicherheitsdienst stand und mit Himmler, Göring und Heß daran gearbeitet hat, die Gefahr, die für die Reichswehr von der SA ausging, zu beseitigen.[23] Zusätzlich kann der Reichswehrführung nachgewiesen werden, dass sie direkt an den Morden am 30. Juni 1934 beteiligt gewesen ist. Die vielen Meldungen über angebliche Putsch-Absichten von Röhms SA, die die Befehlshaber und die Truppe beunruhigen musste, können als ein Indiz für die Mitwirkung der Reichswehrführung an den Aktionen gegen die SA anerkannt werden.[24] Sicher ist, dass Röhm solche Absichten nicht hegte und dass es seitens der SA keine Vorbereitungen für einen Putsch gab.

Klaus-Jürgen Müller erläutert dazu:

> „Röhm hatte indessen für Ende Juni keineswegs einen Putsch geplant. Die SA-Führung wurde durch das Vorgehen Hitlers am 30. Juni vollkommen überrascht. Ob Röhm für spätere Zeiten einen Gewaltstreich ins Auge gefasst hätte, ist kaum zu ergründen."[25]

Neben den angeblichen Putsch-Meldungen, die durch die Nachrichtensysteme der Reichswehr liefen, wurde auch technische Hilfe geleistet: Der SS wurden für die Durchführung der bevorstehenden Aktion Waffen, Munition, Kasernen und Fahrdienste zur Verfügung gestellt. Es wurden in ganz Deutschland Vorbereitungen – Versammlungen von Einsatzreserven und Teilmobilmachungen – getroffen, die eine notwendige Unterstützung der SS möglich machen sollte und zusätzlich half die Reichswehr der SS, die SA an einigen Orten zu entwaffnen.[26] Dass die Reichswehrführung nicht wusste, was die SS mit den hohen SA-Funktionären beabsichtigte, ist zurückzuweisen. Mit dem Ausschluss Ernst Röhms aus dem „Reichsverband Deutscher Offiziere", den von Reichenau am 25. Juni verfügte, wurde Röhm quasi für „vogelfrei" erklärt.[27] Von Reichenau wusste also allem Anschein nach – er stand in engem Kontakt zu Himmler – was die SS plante. Das Ausmaß der Morde hat die Generale zwar entsetzt, jedoch hat kein hoher Offizier daraus Konsequenzen gezogen, geschweige denn gefordert. Einige Beschwerden von Befehlshabern, die von Erschießungen gehört hatten, wurden vom Reichswehrministerium und von der Heeresleitung ignoriert oder wie folgt gerechtfertigt:

---

[23]   Krausnick: Wehrmacht, S. 190.
[24]   Vgl. Affidavit des Generaloberst Ewald von Kleist vor dem Internationalen Militärtribunal in Nürnberg 1946. In: Bennecke, Heinrich: Die Reichswehr und der „RÖHM-PUTSCH", München/Wien 1964, S. 85.
[25]   Müller, Klaus-Jürgen: Armee und Drittes Reich 1933 – 1939, Paderborn 1987, S. 67 f.
[26]   Vgl. Ebd., S. 68.
[27]   Vgl. Schramm: Gleichschaltungsprozeß, S. 124 f.

7

Die Tatsache, dass zwei hohe Generale – von Schleicher und von Bredow – den SS-Männern ebenfalls zu Opfer fielen, war nicht so leicht zu vertuschen, da sich von Fritsch und einige Befehlshaber für eine kriegsgerichtliche Untersuchung stark machten. Blomberg wies dieses Ansinnen mit der Begründung zurück, dass eine Klärung der Todesursachen „in der vorliegenden Situation unmöglich"[29] sei. Beweise für die Schuldigkeit von Schleichers wollte von Blomberg später erbringen – dies geschah nie.

Nach den Morden zeigte die Reichswehrführung ihre Dankbarkeit: Von Blomberg in einem Erlass an die Wehrmacht vom 1. Juli 1934:

> „Der Führer hat mit soldatischer Entschlossenheit und vorbildlichem Mut die Verräter und Meuterer selbst angegriffen und niedergeschmettert. Die Wehrmacht als der Waffenträger des gesamten Volkes, fern vom innerpolitischen Kampf, wird danken durch Hingabe und Treue!"[30]

Die Reichswehrführung war in großem Maße an den Mordaktionen beteiligt und trägt somit eine Teilschuld an den Ereignissen der „Röhm-Affäre", auch wenn sie nicht zu den „Vollstreckern" zählte. Zudem deckte sie die Aktionen und nahm sogar den Mord an zwei hohen Militärs - von Schleicher und von Bredow – ohne größere Proteste hin. Schon zu diesem Zeitpunkt war die Reichswehr zu einem Komplizen des Hitler-Regimes geworden.

2.4 Der Tod von Hindenburgs und die Vereidigung der Reichswehr auf Hitler

Der letzte Akt der „Machtergreifung" Hitlers betraf die Regelung der Nachfolge des Reichspräsidenten von Hindenburg. Dessen Gesundheitszustand hatte sich in der ersten Hälfte des Jahres 1934 rapide verschlechtert[31], so dass nicht nur die Konservativen unter von Papens Regie sich um dessen Nachfolge sorgten.

Von Papen sah in dem Amt des Reichspräsidenten die letzte Chance, Hitlers Macht doch noch einschränken zu können. Ein Konservativer sollte – so beabsichtigten es die Männer um von Papen - testamentarisch von Hindenburg als dessen Nachfolger eingesetzt werden, jedoch scheiterte auch dieser letzte Versuch

---

[28]   Müller: Armee, S. 68.
[29]   Ebd., S. 69.
[30]   Erlaß des Reichswehrministers von Blomberg an die Wehrmacht vom 1. Juli 1934. Zit. nach: Müller: Armee, S. 206 f.
[31]   Vgl. Kershaw: Hitler, S. 641.

8

von Papens, da unter anderem Hitler ihm mit den Mordaktionen gegen Röhm und dessen SA-Führung zuvorkam.

So legte Hitler schließlich am 1. August - wohlgemerkt einen Tag vor dem Ableben von Hindenburgs - dem Kabinett ein Gesetz über die Nachfolge Hindenburgs vor, welches mit dem Ableben des alten Feldmarschalles gültig werden und dessen Amt mit dem des „Führers und Reichskanzlers" vereinigen sollte.[32]

Von Blomberg zeigte seine Loyalität gegenüber Hitler damit, dass er alle Soldaten der Wehrmacht bereits am Todestag von Hindenburgs auf Hitler persönlich vereidigen ließ. Dies war verfassungswidrig, da die Reichswehr immer auf die Verfassung vereidigt gewesen war und nicht auf den Reichspräsidenten. Joachim Fest beschreibt die Vereidigung der Reichswehr auf Hitler als einen „Akt opportunistischen Übereifers"[33] seitens der Armeeführung.

Es stellt sich zwangsläufig die Frage, warum von Blomberg sich veranlasst sah, diesen, nicht verfassungskonformen Schritt, zu vollziehen. Klaus-Jürgen Müller erwähnt einen möglichen Aspekt, den die Reichswehrführung zu der Vereidigung auf Hitler veranlasste:

> „Blomberg und Reichenau leitete bei der Vereidigung die Absicht, erstens durch den persönlichen Bezug in der Eidesformel an traditionelle Vorstellungen aus einer monarchischen Zeit anzuknüpfen; in diesem Sinne sagte Fritsch später (...), die Vereidigung auf Hitler begründe ein ähnliches Verhältnis wie früher zum Kaiser."[34]

Die Gründe für diese Entscheidung – Höhne nennt sie die „katastrophalste Fehlentscheidung deutscher Militärgeschichte"[35] - können nur dadurch begründet werden, dass von Blomberg und von Reichenau Hitler erneut ihre bedingungslose Loyalität bezeugen und ihn noch stärker an die Reichswehr binden wollten.

Diese Hoffnung erfüllte sich indessen nur zum Teil: Zwar erfüllte Hitler die Wünsche nach stärkerer Wideraufrüstung, jedoch verlor die Reichswehr spätestens mit der Vereidigung auf Hitler ihre Unabhängigkeit, die sie lange Jahre betont hatte. Zuvor gab es mit dem Reichspräsidenten noch eine Institution, die sich bei einem möglichen Konflikt zwischen der Regierung und der Reichswehr hätte einschalten und auf die Seite der Reichswehr stellen können.[36] Zudem stieg mit der „Röhm-Affäre" ein neuer Rivale um das Waffenmonopol im Reich in

---

[32]   Vgl. Thamer: Verführung und Gewalt, S. 335.
[33]   Fest: Hitler, S. 676.
[34]   Müller: Armee, S. 69.
[35]   Höhne, Heinz: Mordsache Röhm. Hitlers Durchbruch zur Alleinherrschaft 1933 - 1934, Hamburg 1984, S. 316.
[36]   Vgl. Ebd.

Hitlers Gunst weit empor: Die SS unter der Führung Heinrich Himmlers, die in den folgenden Jahren ihren eigenen Kompetenzbereich immer weiter ausbaute und sich einen Staat im Staate schuf.[37]

Das Konzept der Reichswehrführung, eine tragende Rolle im NS-Regime zu spielen, war spätestens 1938 gescheitert, als von Blomberg und von Fritsch infolge von vermeintlichen Affären zurücktreten mussten und selbst zu „Opfern" Hitlers Politik wurden.

3. Schlussbetrachtung

Hitler hatte seine Macht nach dem spannungsreichen Sommer 1934 nun gänzlich ausgebreitet; der letzte Akt der „Machtergreifung" war vollendet. Innerhalb dieses Zeitraumes hatte er die letzten noch von der Gleichschaltung verschont gebliebenen Institutionen außer Gefecht gesetzt und sich dieser habhaft gemacht. Die Konservativen um von Papen hatten ihre letzte Karte – das Amt des Reichspräsidenten – verspielt. Die SA war ebenfalls keine ernsthafte Gefahr mehr und die Reichswehr war dem Hitler-Regime nun beinahe bedingungslos ergeben, hatte sie sich doch mit der Vereidigung auf Hitler um die letzte unabhängige Institution im Reich gebracht. Es gab nunmehr neben Hitler keine mächtige Person mehr, auf die sich die Reichswehr bei Differenzen mit dem Regime hätte beziehen können.

Da der nationalkonservative Koalitionspartner in Hitlers Regierung ebenfalls ausgeschaltet war, fiel auch eine andere traditionell mit der Reichswehr verbundene politische Kraft als Gegengewicht zu Hitler weg. Die Reichswehr hatte, wie zuvor auch die Konservativen um von Papen, die mit ihrem „Zähmungskonzept" gescheitert waren, Hitler unterschätzt und sich ihm geradezu unterworfen.

Durch die Vereidigung auf Hitler hatte sich die Reichswehr in eine Abhängigkeit mit einem Verbrecher-Regime begeben. Die Taktik, eine zweite selbstständige und politisch unabhängige Säule im NS-Staat zu sein, erfüllte sich nicht. Die Reichswehr war zu einem willenlosen Instrument Hitlers geworden, der sie nun nach und nach zu der Armee machen sollte, die er für seine Zwecke, die aggressive Kriegspolitik, benötigte.

Das Erstaunliche an diesem Prozess ist, dass die Reichswehrführung sich Hitler geradezu unterwarf und dieser auf immer weitere Zugeständnisse nur zu warten

---

[37] Vgl. Müller: Armee, S. 71.

brauchte. Von Blomberg und von Reichenau schwenkten aus opportunistischen Gründen auf die neue politische Linie ein: Hitler hatte weder die Einführung des Arier-Paragraphen noch die Eidesformel auf seine Person gefordert; die Initiativen gingen stets von der Reichswehrführung aus, die sich von der SA bedroht fühlte und hoffte, eine privilegierte Stellung innerhalb des neuen Staates zu erhalten.

Widerstand gegen das Regime war im Reich nur noch schwer möglich, da die letzte Bastion, die Hitler hätte gefährlich werden können, sich selbst gleichgeschaltet und somit zu einem Helfer Hitlers gemacht hatte.

Von Blomberg und von Reichenau haben die Reichswehr, später die Wehrmacht, auf den Weg zu einem Komplizen eines hochgradig verbrecherischen Regimes geführt. Die schwerwiegenden Folgen dieser Entscheidung: Besonders die Vereidigung der Reichswehr auf Hitler erschwerte die Bemühungen von konservativen Widerstandskreisen, einflussreiche Offiziere für ihre Pläne gegen den Diktator zu gewinnen. Viele Offiziere beriefen sich auf diesen Eid und identifizierten sich noch stark mit den traditionell konservativen Idealen eines zu Loyalität erzogenen preußischen Soldaten und kamen so in große Gewissenskonflikte.

4. Literaturangaben:

Bennecke, Heinrich: Die Reichswehr und der „RÖHM-PUTSCH", München 1964.

Fallois, Immo von: Kalkül und Illusion. Der Machtkampf zwischen Reichswehr und SA während der Röhm-Krise 1934, Berlin 1994.

Fest, Joachim C.: Hitler. Eine Biographie, 5. Aufl., München 2002.

Höhne, Heinz: Mordsache Röhm. Hitlers Durchbruch zur Alleinherrschaft 1933-1934, Hamburg 1984.

Kershaw, Ian: Hitler 1889 – 1936, Stuttgart 1998.

Krausnick, Helmut: Die Wehrmacht im nationalsozialistischen Deutschland. In: Broszat, Martin/Möller, Horst (Hrsg.): Das Dritte Reich. Herrschaftsstruktur und Geschichte, München 1983.

Müller, Klaus-Jürgen: Armee und Drittes Reich 1933 – 1939, Paderborn 1987.

Schramm, Michael: Der Gleichschaltungsprozeß der deutschen Armee 1933 bis 1938. Kulminationspunkte und Linien, München 1990.

Thamer, Hans-Ulrich: Verführung und Gewalt. Deutschland 1933-1945, Berlin 1986.

Wendt, Bernd Jürgen: Das nationalsozialistische Deutschland, Berlin 1999.

CPSIA information can be obtained
at www.ICGtesting.com
Printed in the USA
LVIC060327100719
623653LV00001B/3

*9 7 8 3 6 5 6 1 4 0 8 6 3 *